U0509027

中国的反恐怖主义法律制度体系与实践

（2024 年 1 月）

中 华 人 民 共 和 国
国务院新闻办公室

人 民 出 版 社

目　　录

前　言

　　恐怖主义是人类社会的公敌，是对所有国家和全人类的挑战，严重威胁国际和平与安全。反恐怖主义是国际社会的共同责任。

　　长期以来，联合国主导制定一系列公约等文件，领导和协调成员国共同打击恐怖主义，推动将反恐怖主义工作纳入法治轨道。世界各国纷纷响应联合国号召，积极履行国际义务，制定和实施国内反恐怖主义法律，不断加强国际反恐怖主义合作。经过不懈努力，国际社会逐步建立起包括国际性、区域性公约，多边、双边条约和协定，以及国内法在内的多层次反恐怖主义法律制度体系。

　　中国作为恐怖主义受害国，长期面临着恐怖主义的现实威胁。中国历来高度重视反恐怖主义法治建设，通过缔结或参加一系列国际公约条约、修改完善刑事法律，不断积累反恐怖主义法治经验。面对国际国内恐怖活动的新情况、新形势，中国持续深化对反恐怖主义法治工作的认识，全面总结本国反恐怖主义工作的规律特点和实践做法，借鉴吸收他国有益经验，制定反恐怖主义专门法律，完善反恐怖主义法律制度体系，规范和统一法律适用，为加强反恐怖主义工作提供了法治保障。

多年来，通过建立健全法律制度、严格规范公正文明执法、全面落实公正司法、切实加强人权保障等法治实践，中国逐步探索出符合本国实际的反恐怖主义法治道路，有力维护了国家安全、公共安全和人民生命财产安全，为全球和地区安全稳定作出贡献。

一、反恐怖主义法律制度体系日臻完善

自 20 世纪 60 年代以来,在联合国及其专门机构和关联组织主持下,国际社会陆续制定了 13 项全球性反恐怖主义公约,表明全球对打击恐怖主义的基本立场和态度。从 20 世纪 70 年代末开始,为加强国际合作,有效防范和惩治恐怖活动,中国相继加入或批准了《关于在航空器内的犯罪和犯有某些其他行为的公约》《关于制止非法劫持航空器的公约》《统一国际航空运输某些规则的公约》等。20 世纪 90 年代以来,中国立足本国国情,坚持宪法原则,借鉴学习国际社会有益经验,加快了国内反恐怖主义法律制度体系建设进程。

——修改完善刑事法律。恐怖活动犯罪是国际公认的严重刑事犯罪,是各国刑法打击的重点。1997 年 3 月,全国人民代表大会修改《中华人民共和国刑法》,新增组织、领导、参加恐怖组织罪,并加大了对相关恐怖活动犯罪的处罚力度。2001年美国"9·11"事件后,世界各国迅速采取有效措施打击恐怖主义。同年12月,全国人大常委会通过《中华人民共和国刑法修正案(三)》,专门完善恐怖活动犯罪刑法条款,明确刑法适用,对刑法作出八条补充修改。其中,为落实联合国安理会第1373号决议,增设资助恐怖活动犯罪。同时,为惩治涉及恐怖活动洗钱的犯罪活动,将恐怖活动犯罪纳入洗钱罪的上游犯罪。2006年6月,全国人大常委会通过《中华人民共和国刑法修正案(六)》,在相关条款中进一步完善了为恐怖活动犯罪洗钱的罪刑规定。2015年8月,针对暴力恐怖犯罪出现的新情况、新问题,全国人大常委会通过《中华人民共和国刑法修正案(九)》,增设准备实施恐怖活动罪,宣扬恐怖主义、极端主义、煽动实施恐怖活动罪以及利用极端主义破坏法律实施罪等罪名,并明确相关罪状,细化刑罚适用。

此外,2012年、2018年全国人大及其常委会先后两次修改《中华人民共和国刑事诉讼法》。其中,为适应惩治恐怖活动犯罪的需要,对恐怖活动犯罪侦查、起诉、审判程序等方面作出特别规定。最高人民法院、最高人民检察院单独或者联合制定发布一系列司法解释,进一步规范打击恐怖活动犯罪的法律适用和诉讼程序。

——开展反恐专门立法。进入 21 世纪以来,世界范围内接连发生一系列重大恐怖袭击事件,各国纷纷制定反恐怖主义法,或者修订完善原有法律。2011 年 10 月,为加强反恐怖主义工作,保障国家安全、维护社会稳定、保护人民生命财产安全,全国人大常委会通过关于加强反恐怖工作有关问题的决定,对恐怖活动的定义、反恐怖工作领导机构及其职责、恐怖活动组织和人员认定及名单公布、开展反恐怖国际合作等作出规定,为后续立法工作打下坚实基础。

　　2011 年至 2014 年间,国际恐怖主义愈演愈烈,多国接连发生一系列重大恐怖袭击事件,境内外民族分裂势力、宗教极端势力、暴力恐怖势力连续在新疆、北京、云南等多地制造一系列暴力恐怖案(事)件,严重践踏人类尊严。2014 年 4 月,为总结治理恐怖活动犯罪经验,完善反恐怖主义工作机制,坚决遏制暴恐活动多发、频发、蔓延态势,国家反恐怖主义工作领导机构牵头多部门,在实地调查、研究论证、广泛听取征求各方意见建议基础上,起草反恐怖主义法。2014 年 10 月,全国人大常委会对《中华人民共和国反恐怖主义法(草案)》进行初次审议,会后将草案全文面向社会公开征求意见,并进行修改。2015 年 2 月和 12 月,全国人大常委会对《中华人民共和国反恐怖主义法(草案)》分别进行第二、第三次审议,均对草案进行完善。2015 年 12 月 27 日,全国人大常委会通过《中华人民共和国反恐怖主义法》。该法作为反恐怖主义的专门性、综合性法律,对中国反恐怖主义工作的基本原则和立场、恐怖活动组织和人员的认定、安全防范、情报信息、调查、应对处置、国际合作、保障措施、法律责任等作出全面规定,为防范和惩治恐怖活动提供了有力的法律保障。2018 年 4 月,全国人大常委会修正《中华人民共和国反恐怖主义法》,进一步明晰行业主管部门职责,促进反恐怖主义工作的有效开展。

事例一　反恐怖主义法草案公开征求社会意见

反恐怖主义法草案初次审议后,全国人大常委会法工委根据立法法的规定,通过中国人大网将草案向社会公开征求意见,并将草案印发各省(区、市)和中央有关部门、部分高等院校、法学研究机构等单位征求意见。全国人大常委会根据各方面意见,进一步完善了草案的相关内容。

——完善其他相关法律。为在反恐怖主义实践中加强不同法律之间的系统性配合,填补法律漏洞,补齐短板,形成合力,中国不断对相关法律中涉及反恐怖主义的具体内容进行完善。例如,2006 年通过的《中华人民共和国反洗钱法》对预防和遏制恐怖主义融资及相关违法犯罪活动作出规定;2015年通过的《中华人民共和国国家安全法》对打击恐怖主义和极端主义作出规定;2016年通过的《中华人民共和国网络安全法》对不得利用网络宣扬恐怖主义、极端主义等作出规定;2020年修订的《中华人民共和国国防法》对依法运用武装力量打击恐怖主义等作出规定,《中华人民共和国人民武装警察法》对武警部队参与防范和处置恐怖活动的任务作出规定;2020年通过的《中华人民共和国香港特别行政区维护国家安全法》对与香港特别行政区有关的恐怖活动犯罪及其处罚作出规定。

——健全有关行政法规。为不断适应反恐怖主义工作实践需要,加强相关行政部门开展反恐怖主义工作的协调配合,压实各方责任,中国政府持续健全完善相关行政法规中涉及反恐怖主义工作的条款。例如,2000年通过的《互联网信息服务管理办法》对不得制作、复制、发布、传播含有散布恐怖内容的信息作出规定;2017年修订的《宗教事务条例》对任何组织和个人不得利用宗教进行恐怖活动作出规定;2023年通过的《未成年人网络保护条例》对不得制作、复制、发布、传播含有恐怖主义、极端主义等危害未成年人身心健康内容的网络信息作出规定。

——新增相关地方性法规。2016 年反恐怖主义法施行后,依据《中华人民共和国宪法》《中华人民共和国立法法》赋予的地方立法权限,新疆、浙江、湖南、上海、四川、福建、北京等地结合本地实际,陆续制定关于在本行政区域实施反恐怖主义法的办法,新疆还专门制定《新疆维吾尔自治区去极端化条例》,细化工作措施手段,增强了可操作性。此外,部分地区还在制定宗教事务条例、平安建设条例等地方性法规的过程中,规定了加强反恐怖主义工作的内容。

——制定部门与地方政府规章。为更好落实反恐怖主义相关法律法规,做好本领域、本地区反恐怖主义工作,相关部门和地方政府依据法定权限与程序,相继制定符合本领域和本地区实际需要、涉及反恐怖主义工作的有关规章。例如,2014 年中国人民银行、公安部与国家安全部联合制定的《涉及恐怖活动资产冻结管理办法》,对涉及恐怖活动资产冻结的程序与行为作出专门规定;2021 年青海省人民政府通过的《青海省铁路安全管理办法》,对建立反恐怖主义指挥协调机制、加强防范恐怖袭击能力建设等作出规定。

历经 40 余年探索与实践,中国以宪法为根本,逐步形成以反恐怖主义法为主体,刑事法律为骨干,国家安全法等为保障,其他法律为补充,涵盖行政法规、司法解释、地方性法规、部门规章与地方政府规章等的反恐怖主义法律制度体系。

二、恐怖活动认定清晰、处罚规范

中国法律明确规定了对恐怖活动的认定和处罚标准，视恐怖活动的危害程度，区分行政违法行为和刑事犯罪行为，规定不同的法律责任。恐怖活动违法行为的认定和处罚标准由反恐怖主义法规定，恐怖活动犯罪行为的认定和处罚标准由刑法规定。

——清晰界定恐怖主义、恐怖活动等概念。中国反恐怖主义法对恐怖主义、恐怖活动等相关概念的界定具体且明确，与中国参加、缔结的国际公约精神相一致，也与他国做法相通。其中，恐怖主义必须同时具备手段、目的和表现形式等要素，手段包括"暴力、破坏、恐吓等手段"，目的是通过"制造社会恐慌、危害公共安全、侵犯人身财产，或者胁迫国家机关、国际组织，以实现其政治、意识形态等目的"，表现形式为"主张和行为"；恐怖活动则必须既具备恐怖主义性质，又具有"组织、策划、准备实施、实施恐怖活动"等法定表现形式。此外，中国的反恐怖主义法、新疆去极端化条例还界定了极端主义的概念,列举了极端主义活动的具体情形,明确极端主义是恐怖主义的思想基础。

——明确恐怖活动违法行为认定标准。中国刑法只对具有严重社会危害性的恐怖活动追究刑事责任,对情节轻微尚不构成犯罪的违法行为,按照反恐怖主义法等法律予以行政处罚。对于反恐怖主义法规定的宣扬恐怖主义、极端主义或者煽动实施恐怖活动、极端主义活动等情节轻微,尚不构成犯罪的恐怖活动,由公安机关依法予以行政处罚。情节是否轻微,由执法司法办案机关依照法律规定,根据恐怖活动是否符合犯罪构成要件,行为人主观恶性、所起到的作用,造成的社会危害等因素综合判断。

事例二　恐怖活动违法行为认定

违法嫌疑人万某某,将一段含有血腥、暴力场面的视频转发到自己的社交媒体账号,之后又被多人转发,造成不良影响。经认定,该视频符合宣扬恐怖主义的视频内容特征,属法律法规禁止传播内容。四川某公安机关依据《中华人民共和国反恐怖主义法》有关规定,认定万某某的行为构成传播宣扬恐怖主义的物品违法行为。

——明确恐怖活动犯罪行为认定标准。中国通过刑法、司法解释、立案追诉标准对恐怖活动犯罪的认定标准进行明确。刑法从犯罪客体、客观方面、主体、主观方面,对恐

怖活动犯罪构成要件作出清晰明确的规定,严格区分罪与非罪、此罪与彼罪、一罪与数罪。坚持罪刑法定原则,法律没有明文规定的,不得以任何理由定罪处刑。司法机关通过制定司法解释、司法文件,明晰刑事案件立案追诉标准,进一步细化恐怖活动犯罪的认定标准。例如,2018 年最高人民法院、最高人民检察院等印发的关于办理恐怖活动和极端主义犯罪案件适用法律若干问题的意见,明确规定了构成非法持有宣扬恐怖主义、极端主义物品罪的数量标准。

事例三 恐怖活动犯罪行为认定

2004 年至 2010 年间,犯罪嫌疑人白某,明知有关人员意图非法出境实施恐怖活动,仍多次为其提供中转运送、停留住宿、伪造身份证明材料等便利,造成严重后果。河南某法院经法庭审理,依据《中华人民共和国刑法》有关规定,认定白某的行为构成资助恐怖活动罪。

——遵循恐怖活动违法行为处罚原则。中国执法机关处罚恐怖活动违法行为,坚持行政处罚法定原则,严格遵守反恐怖主义法、治安管理处罚法、行政处罚法等法律的明文规定。坚持过罚相当原则,确保处罚与违法行为的事实、性质、情节以及社会危害程度相当。坚持一事不再罚原则,对同一个违法行为,不得给予两次以上罚款的行政处罚,同一

个违法行为违反多个法律规范应当给予罚款处罚的,按照罚款数额高的规定处罚。执法机关落实行政裁量权基准制度,细化量化行政执法行为的裁量范围、种类、幅度等并对外公布。2018 年以来,安徽、浙江、北京、黑龙江等地公安机关相继制定并实施行政处罚裁量基准,对反恐怖主义行政执法行为进行了规范。

事例四　恐怖活动违法行为行政处罚

违法嫌疑人詹某某,在网站上发布含有血腥、暴力场面的视频。福建某公安机关根据《中华人民共和国反恐怖主义法》有关规定,对詹某某给予行政处罚。

——规范恐怖活动犯罪行为处罚自由裁量权。人民法院在审理恐怖活动犯罪案件中,坚持罪责刑相适应原则,根据恐怖活动犯罪的事实、犯罪的性质、情节和对于社会的危害程度,依照刑法的明文规定判处刑罚。为使量刑更加科学精准,中国司法机关积极推进量刑规范化改革,制定《最高人民法院关于在审判执行工作中切实规范自由裁量权行使保障法律统一适用的指导意见》《最高人民法院、最高人民检察院关于常见犯罪的量刑指导意见(试行)》《最高人民法院、最高人民检察院、公安部、国家安全部、司法部关于规范量刑程序若干问题的意见》等规范性文件,从自由裁量权的行使原则、行使条件,正确运用法律适用方法、法律解释方法、量刑程序等方面,对行使自由裁量权进行了全面系统的规范。在恐怖活动犯罪案件审判实践中,司法机关坚持规范行使自由裁量权,做到该宽则宽、当严则严、宽严相济、罚当其罪。

事例五　恐怖活动犯罪行为刑事处罚

　　被告人刘某某,因涉嫌宣扬恐怖主义罪被重庆某检察院提起公诉。重庆某法院经法庭审理,依据《中华人民共和国刑法》等有关规定,认定刘某某构成宣扬恐怖主义罪,并根据犯罪的事实、犯罪的性质、情节和对于社会的危害程度,对刘某某判处有期徒刑,适用缓刑,并处罚金。

三、在反恐怖主义工作中规范权力运行

中国法律对恐怖活动区分行政违法和刑事犯罪,并规定了不同办理程序。恐怖活动违法案件适用行政处罚程序,恐怖活动犯罪案件适用刑事诉讼程序。通过依法规范恐怖活动案件办理程序,落实办案责任,强化外部监督,实现了权力规范有序运行。

——规范办理程序。中国法律明文规定了执法司法办案机关的职权和责任。恐怖活动违法案件由公安机关依法调查处理;恐怖活动犯罪案件由公安机关侦查、人民检察院审查起诉、人民法院审判。执法司法办案机关在办理恐怖活动案件中,必须严格依照法律授权,依法行使职权,确保法律执行准确有效。在立案时,对于不应当立案而立案的,公安机关应当撤销案件,人民检察院有权监督公安机关撤销案件。在收集、调取证据时,公安机关既要收集对嫌疑人不利的证据,也要收集对嫌疑人有利的证据,禁止使用刑讯逼供等非法方法收集证据,对于非法证据要依法排除。在批准逮捕、审查起诉时,人民检察院对于不符合条件的,不得作出批准逮捕或起诉决定。在审判时,人民法院对于证据不足或不构成犯罪的,应当作出无罪判决。

——落实办案责任。中国执法司法办案机关积极推进办案责任制改革,确保严格执法、公正司法,有效压实恐怖活动案件办理人员的履职责任。人民法院进一步明晰审判组织权限和审判人员职责,以有效的审判管理和审判监督为保障,深化庭审实质化改革,落实让审理者裁判、由裁判者负责,确保依法独立公正行使审判权。人民检察院健全办案组织,界定内部办案权限,完善司法办案责任体系,做到谁办案谁负责、谁决定谁负责,构建公正高效的检察权运行机制。公安机关建立健全案件审核把关机制,明确了办案人、审核人、审批人等的执法办案权力,并充分运用信息化技术对执法办案活动全过程记录留痕、可回溯管理,对执法办案活动进行约束。执法司法办案机关在明确责任的基础上,还规定了严格的责任追究制度,对违法办案的责任人依法追究责任,根据情节予以惩戒,构成犯罪的依法追究刑事责任。此外,执法司法办案机关还通过深化量刑规范化改革、建立案件质量评价体系、推行办案质量考核评议机制、加强案件管理和案例指导、强化办案人员培训等方式，全面规范权力运行。

——加强外部监督。中国执法司法办案机关的权力除受到法定和内部监督机制的制约，还接受人大监督、民主监督、社会监督等外部监督。人民代表大会作为国家权力机关，通过听取工作报告、开展专题询问等方式，依法对人民法院、人民检察院的工作进行监督。人民政协对执法司法办案机关实行民主监督。人民法院、人民检察院、公安机关也主动接受人民代表大会和人民政协的监督。人民群众通过担任人民陪审员、人民监督员和参与听证等方式，对人民法院、人民检察院、公安机关的执法司法办案活动开展社会监督。

事例六　人民检察院办案活动接受社会监督

犯罪嫌疑人张某某，因涉嫌非法持有宣扬恐怖主义物品罪被立案侦查。安徽某检察院在对该案进行审查起诉期间，组织公开听证，广泛听取各方意见，自觉接受监督。

——拓宽监督渠道。中国执法司法办案机关持续拓宽监督渠道，通过多种方式强化社会监督，不断增强执法司法透明度，防止执法权、司法权被滥用。人民法院通过审判流

程信息公开、裁判文书公开、执行信息公开、庭审公开等加大司法公开力度,及时公布法院审判、执行工作情况。人民检察院推行检务公开,依法公开与检察职权相关的活动和事项,并充分运用现代化信息手段,建立检务公开信息平台,设置电子显示查询设备,开通网站、网页等,方便检务信息查询。公安机关推行警务活动公开,行政处罚遵循公开原则,执法过程、处罚结果自觉接受社会和公民的监督。司法行政机关推行狱务公开,将监狱执法工作的条件、程序、结果依法向社会公开,加强监狱工作的规范化、制度化、法治化建设,规范执法行为。

事例七　司法行政机关推行狱务公开

监狱制定发放狱务公开工作指导手册,按照罪犯、罪犯亲属、社会公众等不同群体、不同范围,在保护罪犯个人隐私基础上,对狱务公开内容进行区别设置,推进分层次公开,保障社会层面有感性认识、罪犯亲属对应性了解、执法监督部门全面掌握。

四、在反恐怖主义工作中
依法保障人权

中国将尊重和保障人权作为反恐怖主义法律制度体系与实践的基本原则,将依法惩治恐怖活动与尊重和保障人权有机结合,在依法办理恐怖活动违法犯罪案件过程中,既注重保障公民基本权利和维护社会正常秩序,又注重保障受害人、其他利害关系人,以及嫌疑人、被告人和罪犯的权利。

——保障享有人权的安全环境与社会秩序。恐怖主义对国家安全、公共安全、人民生命财产安全造成重大威胁,强化反恐怖主义措施、有效防范和打击恐怖活动就是人权保障的重要方面。中国依法开展反恐怖主义工作,一方面坚决维护公民和组织的合法权益,禁止任何基于地域、民族、宗教等理由的歧视性做法;另一方面有效遏制恐怖主义传播蔓延,最大限度保障公民的生命权、健康权、财产权,维护社会稳定。

事例八　群众安全感显著提升

全国群众安全感调查结果显示,中国民众安全感由 2012 年的 87.55% 升至 2021 年的 98.62%,持续保持高位,得到群众肯定。

——保障受害人和其他利害关系人的权利。中国在应对处置恐怖事件时,优先保护直接受到恐怖活动危害、威胁人员的人身安全,组织营救和救治受害人员,疏散、撤离并妥善安置受到威胁的人员;应对处置结束后,组织有关部门帮助受影响的单位和个人尽快恢复生活、生产,稳定受影响地区的社会秩序和公众情绪,及时给予恐怖事件受害人员及其近亲属适当的救助,提供心理、医疗等方面的援助,并向失去基本生活条件的受害人员及其近亲属及时提供基本生活保障。

事例九　给予恐怖活动受害人援助

新疆某地发生暴恐案件后,有关部门积极组织救助受伤人员,协调心理医学专家及医师对伤者逐一进行心理评估和干预治疗,同时通过心理疏导、倾听感受、放松训练等方法,帮助受伤群众恢复身心健康。

——保障人身自由、人格尊严。中国宪法法律明确规定,公民的人身自由、人格尊严不受侵犯。办案机关办理恐怖活动犯罪案件,采取拘留、逮捕等限制人身自由的强制措施时,严格遵守法律规定的条件、程序和期限。未经人民检察院批准或者人民法院决定,公安机关不得实施逮捕。人民检察院加强羁押必要性审查,对没有继续羁押必要的,建议予以释放或变更强制措施,并严格把握延长侦查羁押期限的条件,对不符合条件的不予延长。办案机关严格遵守关于人格尊严不受侵犯的宪法法律规定,保证恐怖活动违法犯罪嫌疑人、被告人饮食和必要的休息时间,不得体罚、虐待、侮辱,禁止在审讯过程中殴打、威胁、恐吓,严禁刑讯逼供和以威胁、引诱、欺骗以及其他非法方法收集证据,不得强迫自证其罪,采用刑讯逼供等非法方法收集的犯罪嫌疑人、被告人供述应当予以排除。

事例十　依法慎重采取刑事强制措施

犯罪嫌疑人阿某、买某、阿拉某、肉某、穆某等5人,因涉嫌参加恐怖组织罪被立案侦查。新疆多地检察院分别对5人进行审查逮捕时,认为阿某具有组织行为,依法批准逮捕;认为买某等其余4人不具有现实危害性,依法不批准逮捕。

——保障辩护权。恐怖活动犯罪嫌疑人、被告人自被侦查机关第一次讯问或者采取强制措施之日起,就有权委托辩护人辩护,符合法定情形的有权获得法律援助。司法机关和司法行政机关积极推动刑事案件审查起诉阶段的律师辩护全覆盖试点工作,为没有辩护人的犯罪嫌疑人指派律师提供法律援助,扩大刑事法律援助范围。此外,为确保犯罪嫌疑人、被告人的辩护权落到实处、获得有效辩护,司法机关还进一步强化诉讼过程中律师的知情权、申请权、申诉权,以及会见、阅卷、收集证据和发问、质证、辩论辩护等各项权利保障。

事例十一　保障被告人辩护权

新疆某法院在对麦某某等 3 人涉嫌组织、领导、参加恐怖组织罪案件进行开庭审理时,针对 3 名被告人未委托辩护人等情况,依法为其指定辩护律师提供辩护,保障其诉讼权利。

——保障知情权、参与权。行政机关在查处恐怖活动违法案件,作出行政处罚决定前,应当告知当事人拟作出的处罚内容及事实、理由和依据,告知当事人依法享有的陈述、申辩、要求听证等权利。当事人提出的事实、理由和证据成立的,行政机关应当采纳。在恐怖活动犯罪案件侦查中,严格限制采取强制措施后不通知家属的例外情形,对通知家属可能有碍侦查的,待有碍侦查情形消失后应立即通知。在刑事诉讼中,恐怖活动犯罪嫌疑人、被告人有权及时获知被控告的罪名、案件情况及所享有的诉讼权利,有权申请回避,有权出席法庭,有权参加法庭调查、辩论和向法庭作最后陈述。

——保障依法获得救济的权利。中国法律保障当事人获得全方面、多渠道的救济权利。因恐怖活动违法行为受处罚的人,对处罚决定不服的,有权依法申请行政复议或者提起行政诉讼,并可以委托律师参加。恐怖活动犯罪被告人、经被告人同意的辩护人和近亲属等,不服地方各级人民法院一审判决、裁定的,有权提出上诉。被告人的上诉权不得以任何借口剥夺。对已经发生效力的判决和裁定,当事人有权提出申诉,符合法定条件的,人民法院、人民检察院应当提起审判监督程序,由人民法院对案件重新审理。当事人因行政机关、司法机关违法给予行政处罚、刑事处罚,权益受到损害的,有权依法申请国家赔偿。

——保障使用本民族语言文字进行诉讼的权利。中国宪法法律赋予各民族公民使用本民族语言文字进行诉讼的权利。司法机关审理恐怖活动犯罪案件,对于不通晓当地通用的语言文字的诉讼参与人,应当为他们翻译。在少数民族聚居或者多民族杂居的地区,应当用当地通用的语言进行审讯,用当地通用的文字发布判决书、布告和其他文件。在民族自治地方,人民法院和人民检察院应当用当地通用的语言审理和检察案件,并合理配备通晓当地通用的少数民族语言文字的人员,法律文书应当根据实际需要,使用当地通用的一种或者几种文字。

事例十二　保障诉讼参与人使用本民族语言文字诉讼的权利

新疆某地发生一起暴力恐怖案件,该案犯罪嫌疑人、被告人、受害人及其直系亲属涉及多个民族、使用多种民族语言。新疆某法院在审理该案过程中,及时通知翻译人员参与开庭审理、提供翻译,并翻译相关法律文书,保障犯罪嫌疑人、被告人、受害人及其直系亲属使用本民族语言文字进行诉讼的权利。

——保障罪犯合法权利。中国法律明确规定,罪犯的人格不受侮辱,其人身安全、合法财产和辩护、申诉、控告、检举以及其他未被依法剥夺或者限制的权利不受侵犯。刑罚执行机关尊重恐怖活动罪犯人格尊严,保障其合法权益。人民检察院依法对刑罚执行活动进行法律监督。罪犯对生效判决不服的,可以提出申诉。罪犯提出控告、检举的,刑罚执行机关应当及时处理或转送相关部门处理并将结果通知罪犯。罪犯在服刑期间可以与他人通信,可以会见亲属及律师等。监狱设有专门医疗机构,确有必要的可以外出

就诊或保外就医,确保患病罪犯及时得到医疗救治。监狱坚持"惩罚与改造相结合,以改造人为宗旨"工作方针,对罪犯开展文化、法律、技能教育,提升罪犯文化水平和谋生能力,着力预防恐怖活动罪犯刑满释放后重新犯罪。刑罚执行机关、人民法院严格按照法定程序和条件办理减刑、假释案件,由刑罚执行机关提请,人民法院依法对符合条件的罪犯作出减刑、假释裁定,人民检察院依法监督。

五、有力维护人民安全和国家安全

中国依法开展反恐怖主义工作,不断增强反恐防恐能力,更好统筹安全稳定与社会发展,消除恐怖主义的思想基础,提升了人民的安全感,捍卫了国家安全,也为区域和全球安全稳定作出了积极贡献。

——不断增强反恐防恐能力。随着法律制度体系不断完善,中国不断加强交通运输、寄递物流、危险物品等相关行业的安全管理制度建设,积极推进重点行业领域和地方反恐怖防范标准建设,相继制定修订了各类反恐怖主义预案,并加强演练,强化社会治安防控能力。鼓励、支持反恐怖主义科学研究和技术创新,开发和推广使用新的技术设备,并用于实训和实战,有效应对人工智能、加密通信、虚拟货币等新技术、新业态带来的挑战,不断提升科技反恐怖主义能力。坚持反恐怖主义专门工作与群众路线相结合,在全社会广泛开展反恐怖主义宣传教育活动,推动宣传进校园、进单位、进社区等,面向社会公众推出《公民反恐防范手册》等宣传品,出台涉恐线索举报奖励办法,广泛发动群众提供线索,提升了人民群众的安全防范意识和应对暴力恐怖突发状况的能力。

事例十三　构建反恐怖防范标准体系

中国积极推进交通运输、水电油气热、核设施、核技术利用单位、传媒设施、危险化学品、生物安全、国家战略储备库等重点行业领域反恐怖防范标准制定。截至目前,公安部发布了 37 个公共安全行业反恐怖防范标准,地方层面出台了数百个标准,为重点目标人力防范、实体防范、电子防范制度建设和设备设施的同步设计、建设、运行提供了基本依据。

——更好统筹安全稳定与社会发展。2014 年以来,中国持续严厉打击暴力恐怖活动,依法惩处了一批预谋实施恐怖活动的犯罪人员,把绝大多数恐怖活动摧毁在预谋阶段、行动之前,有力维护了国家安全和社会大局稳定,人民群众安全感显著提升。反恐怖主义促进安全稳定,安全稳定带来发展红利,发展红利进一步巩固安全稳定。以中国反恐怖主义斗争主战场新疆为例,2012 年至 2022 年,城镇居民人均可支配收入从 19019 元增加到 38410 元,农村居民人均可支配收入从 6876 元增加到 16550 元,分别增长 1.02 倍和 1.4 倍。截至 2020 年底,现行标准下新疆 306.49 万农村贫困人口全面脱贫,3666 个贫困村全部退出,35 个贫困县全部摘帽。2023年,新疆共接待国内外游客26544万人次,同比增长117%,实现旅游总收入2967亿元,同比增长227%,游客接待量创历史新高,旅游热度持续位居全国前列,旅游业逐步成为带动就业、富民惠民的重要支柱性产业。

——消除恐怖主义的思想基础。中国在严厉惩处恐怖活动违法犯罪的同时,更加注重以非刑罚方式教育挽救大多数受极端主义思想蛊惑,但行为尚未产生严重危害后果的人员。政府各有关部门、妇联等社会组织、宗教团体以及学校、家庭等密切配合,针对受极端主义感染人员的不同特点,分类采取多种干预措施,避免其受到进一步侵害。宗教极端主义不是宗教,它歪曲宗教教义,鼓吹暴力激进观点,严重破坏正常宗教活动。在宗教极端主义的渗透和控制下,一些人参与或者被教唆、胁迫、引诱参与恐怖活动。中国坚持"保护合法、制止非法、遏制极端、抵御渗透、打击犯罪"原则,切实保护宗教信仰自由,保障正常宗教活动,依法持续深入推进"去极端化"工作,有效遏制宗教极端主义渗透蔓延的态势。群众法治意识显著增强,普遍能够认清宗教极端主义的危害,明辨是非和抵御渗透的能力明显提高。

——为全球和区域安全稳定作出积极贡献。中国通过有力打击境内恐怖活动,加强口岸边境管控,阻止恐怖分子的跨境流动,有效遏制恐怖主义的传播蔓延。中国按照法律规定,根据缔结或参加的国际条约,按照平等互惠原则,积极开展反恐怖主义国际合作。坚持人类命运共同体理念,积极支持联合国在国际反恐怖主义合作中发挥领导和协调作用,坚持遵循《联合国宪章》和其他公认的国际法,支持联合国安理会通过的一系列反恐怖主义决议,先后参与了12项全球性反恐怖主义公约,积极履行反恐怖主义义务。积极倡导区域反恐怖主义合作,在上海合作组织框架下,推动制定《打击恐怖主义、分裂主义和极端主义上海公约》《上海合作组织成员国边防合作协定》等一系列文件,开展司法合作、联合反恐怖主义演习等,在维护国际和地区安全稳定方面发挥了重要作用。通过建立执法部门和边境地区反恐怖主义领域会晤交流和对口合作机制,在情报信息交流、边境管控、案件侦办、打击恐怖融资等方面,与数十个国家开展了务实交流与合作。

结　束　语

天下同归而殊途，一致而百虑。确保反恐怖主义工作在法治轨道上运行是当今国际社会的普遍共识。但各国的政治体制、法律制度、文化传统存在差异，所面临的恐怖主义形态、形式、行为表现不尽相同，在反恐怖主义法治实践上不可能完全一致。中国的反恐怖主义法律制度体系历经40余年的发展完善，实现了本国法治精神和理念与国际反恐怖主义原则和理念的协调统一，既有效防范和惩治恐怖活动，又切实尊重和保障人权，符合本国实际和国际惯例，取得了良好的实践效果。

令人遗憾的是，一些国家时常无视各国自主选择反恐怖主义法治化道路的权利，将自身意志强加于人，妄加评判他国实践做法，甚至以所谓"法治""人权"为借口干涉他国内政、侵犯他国主权，严重阻碍国际反恐怖主义法治化进程，严重削弱国际反恐怖主义合作基础，严重影响国际反恐怖主义效果。

实践证明,各国的探索和实践只要能够体现人类社会价值取向,遵循联合国反恐怖主义原则准则,符合本国国情和法律制度,就都是国际反恐怖主义法治化事业的组成部分。国际社会应海纳不同形态的反恐怖主义法治路径,坚决反对反恐怖主义"双重标准",反对将反恐怖主义问题政治化、工具化。中国愿与世界各国一道,在人类命运共同体理念指引下,积极参与全球反恐怖主义治理,在平等尊重的基础上,广泛开展互学共鉴和交流合作,共同推动全球反恐怖主义事业健康发展。

责任编辑：刘敬文

图书在版编目（CIP）数据

中国的反恐怖主义法律制度体系与实践/中华人民共和国国务院新闻办公室 著.—北京：
  人民出版社,2024.1
ISBN 978－7－01－026369－4

I.①中… Ⅱ.①中… Ⅲ.①反恐怖活动-国家安全法-白皮书-中国 Ⅳ.①D922.144

中国国家版本馆 CIP 数据核字(2024)第 020940 号

中国的反恐怖主义法律制度体系与实践
ZHONGGUO DE FAN KONGBU ZHUYI FALÜ ZHIDU TIXI YU SHIJIAN
（2024 年 1 月）

中华人民共和国国务院新闻办公室

人民出版社 出版发行
（100706　北京市东城区隆福寺街 99 号）

中煤（北京）印务有限公司印刷　新华书店经销

2024 年 1 月第 1 版　2024 年 1 月北京第 1 次印刷
开本:787 毫米×1092 毫米 1/16　印张:2.5
字数:20 千字

ISBN 978－7－01－026369－4　定价:15.00 元

邮购地址 100706　北京市东城区隆福寺街 99 号
人民东方图书销售中心　电话 (010)65250042　65289539

版权所有·侵权必究
凡购买本社图书,如有印制质量问题,我社负责调换。

服务电话:(010)65250042